Karl von Eckartshausen

Was trägt am meisten zu den Revolutionen jetziger Zeiten bei

Karl von Eckartshausen

Was trägt am meisten zu den Revolutionen jetziger Zeiten bei

ISBN/EAN: 9783744600736

Hergestellt in Europa, USA, Kanada, Australien, Japan

Cover: Foto ©ninafisch / pixelio.de

Weitere Bücher finden Sie auf **www.hansebooks.com**

Wenn die Religion und der Glaube sinken, so arten die Wissenschaften zum Bösen aus, denn der Verstand des Menschen geräth auf Abwege; nichts aber führt den Verstand mehr irre, als schlechte Bücher, denn die falschen Begriffe, die man einmal ohne hinlänglicher Untersuchung angenommen hat, werden in der Folge übereilte Schlüsse, und die Menschen gehen so von Vorurtheil zu Vorurtheil, von Irrthum zu Irrthum. Wenn wir die Menge der Bücher übersehen, mit welchen die Welt überschwemmt ist; so könnte man wohl mit dem

Verfasser des Jahrs 2440 anrufen: „Wir haben uns durch strenge Betrachtungen überzeugt, daß der Verstand schon von sich selbst in tausend fremde Schwierigkeiten zu verwickeln pflegt, und wir haben entdeckt, daß eine zahlreiche Bibliothek der Sammelplatz der größten Ausschweifungen, der thörichsten Chimären ist. Die Wissenschaften thaten in diesem Labyrinthe von Büchern nichts, als daß sie sich dreheten, und in einem Zirkel umherliefen, wo sie immer wieder auf denselben Punkt zurückkamen, ohne daß sie sich erhoben haben, und die übertriebene Vorstellung ihrer Reichthümer diente zu weiter nichts, als die wahre Armuth zu verstecken. Wir haben daher einmüthig beschlossen, alle Bücher, die wir entweder für läppisch oder unnütz, oder für gefährlich hielten, als Versöhnopfer der Wahrheit und der Tugend öffentlich in Brand zu stecken."

Diesen Wunsch könnte man heut zu Tage wirklich wiederholen, indem es unzweifelhaft ist, daß die Menge von Büchern und Broschüren mehr

mehr dem menschlichen Verstande schädlich als nützlich gewesen ist.

Es bleibt immer die große Frage: Hat die Lektüre den menschlichen Geist zu höherer Vollkommenheit gebracht? Waren ihre Wirkungen größer und umfassender, die Fähigkeit der Seele zu nähren, als die stille Betrachtung? War die Lektüre wirklich nützlich, oder vielmehr schädlich in unserm Jahrhunderte? —

Diese Fragen will ich beantworten.

Unpartheyisch will ich zur Zergliederung der Sache schreiten; ich will weder den stolzen Ton eines Gelehrten annehmen, noch der Selbstzufriedenheit eines Schöngeistes Gehör geben. Mein Gegenstand soll Wahrheit seyn, unpartheyische Wahrheit; ich will sowohl die gute Seite, als die üble genau erforschen, die Grenzen beobachten, wo die Lektüre ausartet.

Es gab Zeiten, wo die Buchdruckerey noch nicht war — Zeiten, wo es kein Buch gab, und dort bildete der Geist des Menschen den Menschen, dort gab es noch keine Witzlinge, die urtheilten, bevor sie wußten, was Urtheil ist. Man hörte mit Aufmerksamkeit an; die Arbeiten des Geistes waren schöpferisch; wer zu selben Zeiten schrieb, hatte einen besondern und auszeichnenden Karakter, Kraft und Stärke lag in seinen Worten, und waren das Geschenke des tiefen Nachdenkens und der Einsamkeit.

In selben Zeiten war ein Buch wirklich ein Geschenke für die Menschheit; es trug das Siegel der Natur und des Gefühls, das sich auf jedem Blatte enthüllte; daher überlebten auch diese Werke Jahrhunderte, ungeachtet des wankenden Geistes des Menschen, ungeachtet des politischen Joches und der Vermengung der Sprachen. Jedes Volk, jedes Land nahm diese Bücher auf; sie gründeten sich auf Wahrheiten, auf wirkliche Kenntnisse des menschlichen Herzens; die Natur der Dinge, die gesunde Vernunft

nunft, die in ihnen lag, verewigte sie, und machte sie zu werthen Geschenken nachkommender Zeiten.

Man erfand die Druckerey, und die Stärke des Geistes verlor sich unter den Buchstaben. Die Kenntnisse ergossen sich gleich einem Strome unter die Menschen, stürzten aber um, was zu schwach war ihnen zu widerstehen, untergruben morsche Gebäude, und richteten eine allgemeine Verwüstung an. Sie erzeugten Vielschreiberey; aber das schöpferische Genie, der selbsterfinderische Verstand verschwand von der Erde; das originelle Denken verlor sich; es gab nur Nachdenker, Nachahmer des Nachgeahmten, und so entstund allgemein die litterarische Ueberschwemmung, die heut zu Tag die fürchterlichste Sündflut dem menschlichen Geiste androht.

Der Mißbrauch der Druckerey vermehrte die Thorheiten der Menschen; die erloschenen fachte er wieder an, und verewigte manche Schandthaten. So lieferte er uns bis auf itzige Zeiten ihre Ausschweifungen, ihre Albernheiten, ihre Zänkerey und ihr Verderben des Geistes und des Herzens.

Es gab eine Zeit, in der die Leidenschaften ihr Ziel hatten, sie verschwanden mit dem Menschen und giengen mit ihm ins Grab; heut zu Tage werden sie verewigt, alles, was nur toll und ausschweifend seyn mag, das durch den erhitzten Kopf eines Schriftstellers strömt, wird in tausend Abdrücken geliefert, und ungestraft von einem Winkel der Welt zum andern gebracht. Einem fällt es ein, die Glaubenslehren öffentlich zu bestreiten; ein anderer will die Grundsäulen der Moralität erschüttern; ein dritter liefert seine Ausschweifungen der Welt, und verkleidet die schändlichen Gefühle seines Herzens in dichterischen Stil. Der verbreitet Irrthum, und bedient sich der Stärke des Redners, um die Lüge an die Stelle der Wahrheit zu setzen; jener nimmt seine Zuflucht zur Satire, um die edelsten Gefühle zu verdrängen; und die Tugend lä-

lächerlich zu machen, und all dieser Unsinn wird gelesen und verschlungen; gelesen von schwachen Geistern; verschlungen von leidenschaftlichen Herzen, die stumpf zu den letzten Gefühlen der natürlichen Vernunft und taub zu dem Zurufe des Gewissens sind, weil ihre Irrthümer durch Wohlredenheit anderer irrender Menschen vertheidigt, und ihre Tollheit verewigt wird.

Die ersten Werke des Alterthums waren Werke der Dichtkunst; sie bestunden zwar nur in einfältigen Reimen, aber diese einfältige Reime waren der Gottheit und den reinsten Begriffen der Moralität geheiligt. Schändliche Leidenschaften trübten diese reine Quelle, und entehrten die Unschuld der ersten Dichter. Im Zirkel häuslicher Freundschaft munterte man sich gegenseitig auf zu edeln Handlungen, und da verlor sich noch nicht die Wissenschaft in tändelnden Romanen, sondern gieng in's Herz über, und reifte zur That.

Mit der Druckerey, mit jener wunderbaren Erfindung seine Ideen tausendmal abzudrucken, entstund der Hochmuth der Meinungen, der Despotismus der Rechthaberey, der alles seinem Stolze unterjochen will. Der Endzweck der meisten Schriftsteller scheint nur der zu seyn, eitels Lob einärnten zu wollen, ohne es zu verdienen; der gebietherische Ton, der so viele vermumte Schwäche entdeckt, die unglückliche Kunst, die simple Natur zu verwirren, und Paradoxen an die Stelle der Wahrheit zu setzen, und die rasenden Ausschweifungen des größten Theils der Litteratoren sind die traurigen Denkmäler des menschlichen Irrthums, der sich tausendfältig verbreitet.

Noch brandmarkt die Schande den Namen des Herostrats, der den Tempel zu Ephes anzündete. Die Menschheit, sagt ein großer Schriftsteller, würde vielleicht denjenigen segnen, der Muth genug hätte den dritten Theil der Bücher unsers Jahrhunderts zu verbrennen. Die wenigen guten, die übrig blieben, würden dem Golde gleichen, das die Kapelle ausgehalten

-ten hat. Man spottet jenen stolzen Thoren, die ihren Luxus bis zur Ausschweifung in der Vielheit ihrer Bücher suchen: aber man spottet ihrer ohne Grund. Die stolze Unwissenheit errichtet immer den Wissenschaften Trophäen ohne es zu wissen, und diese reichen Bibliotheken gleichen jenen prächtigen Mausolden, die die größten Männer verschließen, jenen Mausoläen, vor denen man schüchtern zurücktritt, um die heilige Ruhe derjenigen nicht zu stören, die darinn begraben liegen. Die meisten Bibliotheken sind die Gräber der Werke der Gelehrten; auch schadet der menschliche Unsinn wenig, wenn ihn zehnjähriger Staub deckt, wenn er zur Pracht in Bänden dasteht, und von niemanden als von der Motte besucht wird. Aber das sittliche Gift verderbt die Menschheit, das durch Bücher und Broschüren sich in den Geist der Menschen schleicht, die allgemein unter das Volk verbreitet werden.

Aus den Schriften unsers Jahrhunderts, wenige ausgenommen, ist es klar bewiesen, daß die gewöhnliche Modelektüre den Geist und die Sitten verderben muß. Nicht

Nicht genug, daß sie den originellen Geist jedes Jünglings erstickt, der natürliche Anlage und Fähigkeit zu denken hat, sondern sie bildet auch elende Kopisten. Die grossen Männer jedes Jahrhunderts bildeten sich selbst; sie hatten keine Bibliotheken; sie schöpften die Wahrheit aus der Natur, aus dem Innern der Kunst, und erlangten daher eine Stärke, die allein die wahre Fackel des Geistes ist.

Es ist zu bewundern, wenn man die Menge verschiedener Bücher, verschiedner Denkarten sieht, und alles das wird gelesen, von einem gelesen, ohne verdaut zu werden; denn der größte Stolz unsers Jahrhunderts besteht ja darinn; alles gelesen zu haben. Wir gleichen wirklich verzärtelten Körpern, die die gesunde Speise der Natur nicht mehr vertragen können. Die Wissenschaften, die uns die Bibliotheken auftischen, sind jenen Tafeln der Grossen gleich, wo tausend Gerichte in verschiedenen Formen erscheinen; und alles das muß nun in einen Magen! Wer ist stark genug es zu verdauen, ohne von diesem Mischmasch nicht zu erkranken? Unser Geist ist verdorben wie unser Körper; Mäßigung und gesunde Nahrung erhalten ihn bey seinen Kräften; so soll auch mäßige und gesunde Lektüre die Kraft des Geistes erhalten: allein man liest nicht, um besser zu werden; so wenig als der Vielfraß ißt, um seinen Hunger zu stillen; man liest um seine Lust zu befriedigen, um die langweilige Zeit zu verträumen, und die Garköche der Litteratur bemühen sich daher ihre Ideen in alle möglichen Brühen zu richten, damit sie den stumpfen Geschmack der Leser wieder aufkitzeln. Man verkauft Bücher wie die Tändeleyen der Mode; wie sich die Farben der Bänder ändern, ändern sich die Schreibarten, und die Philosophie verkauft in unserm Jahrhunderte ihre Hüte und Hauben wie die Modehändlerinn; immer wechselt eine Narrheit in dem menschlichen Leben mit der andern; die Gelehrten sind so eitel, wie die Weiber, nur beschäftigen sich diese mit Hauben und Bändern, und jene mit Büchern und Broschüren; der Werth von beiden ist manchmal gleich. Das Weib sagt,

sagt, ich muß mich nach der neueſten Mode kleiden; der Mann, ich muß nach der neueſten Mode denken; nicht ſelbſt von den Büchern urtheilen, ſondern Journale leſen, damit ich meinem eigenen Urtheile abſchwöre, um dem Urtheile anderer zu glauben.

So ſchreibt man für = und darwider, wie es die Zeit verlangt, wie der Buchhändler glaubt, daß es der Narrheit der Menſchen am beſten angemeſſen iſt, denn ſeine Abſicht iſt Gewinn und Abſatz. Er liefert daher, wenn es Mode iſt, eine Sittenlehre á la Cacadou, und philoſophiſche Werke á la merdd'oie, wie es der Geſchmack der Zeiten verlangt.

Wie ſchändlich ſind die verſchiedenen Widerſprüche! hier herrſcht abſcheuliche Satire, ſpöttiſcher Witz, da Vernunft herrſchen ſoll, dort die traurige, ſchleppende Dialektik, wo Wärme und Gefühl ſich in jeder Zeile drängen ſollten.

In

In manchem fürchterlichem Auftritte im Menschenleben, wo der Schriftsteller nur das Herz soll sprechen lassen, wo nur der Mensch das scheinen soll, was er ist, herrscht eine Sprache, die die Empfindungen der Natur verläugnet, und einen schrecklichen Egoismus der Litteratur verkündigt. So wird selbst die Wohlredenheit entweiht; sie ist manchmal zaghaft, da sie keck und dreist den geraden Weg gehen sollte; sie wird manchmal Schmeichlerinn, manchmal Verführerinn. Sie gleicht einem Sklaven, der vor seinem Tirannen zittert, der sich nicht getraut, Wahrheit zu sagen; der die Macht seiner Worte feil giebt, und die Stärke als Miethling verkauft, um die Sache des Lasters zu vertreten.

Mancher Mensch, der nicht im Stande ist, eine Zeile zu schreiben, aber der ein wörtliches Talent der Satire hat, glaubt endlich, wenn er alle Bücher getadelt, alle Schriftsteller gespottet, und so seiner Bosheit geschmeichelt hat — er glaubt, sage ich, daß er selbst ein Mensch von

von Geschmack und feinem Gefühle sey, und betriegt sich sowohl in dem Urtheile über sich selbst als über andere. Die Kritik soll nur demjenigen erlaubt seyn, dessen Einsicht, Beurtheilungskraft und Redlichkeit kein persönliches Interesse verdunkelt; allein es giebt Kunstrichter, die nichts thun als einen Author demüthigen, anstatt ihn zu belehren, und so entdecken sie ihren Stolz, ihre Unwissenheit, ihre Eifersucht; ihre Bosheit erlaubt nicht, das Gute und Schlechte eines Werks einzusehen.

Dieses ist beyläufig das Gemälde unsrer dermaligen Litteratur, und diese Art von Lektüre zieht uns aus dem Zirkel der Gesellschaft, und hält uns in der Stille unsers Studirzimmers und der Kälte der Einsamkeit verschlossen. Wir suchen alle Tugenden in den Büchern, und keine in dem menschlichen Leben; wir begnügen uns alle gut geschwärmt zu haben, und entziehen uns alle der Pflicht gut zu handeln.

O Sokrat! weisester der Menschen! Sou‐
dirteſt du in der Einſamkeit die Menſchen?
Flohſt du denn die menſchliche Geſellſchaft, und
wollteſt du nur durch Schriften mit ihr ſpre‐
chen? Nein, du wareſt auf den offenen Plä‐
tzen, du befragteſt die Herzen; deine Sprache
war Einfalt, und du lockteſt die Wahrheit her‐
bey, daß ſie ſich ohne Schminke, ohne Pracht
in ihrer Weſenheit den Menſchen darſtellte.

O ihr Menſchen! die Lektüre hat weit jene
große Vortheile nicht, die euch der Umgang tu‐
gendhafter Menſchen giebt. Der Endzweck der
Lektüre ſollte ſeyn, euch zu Menſchen zu bil‐
den; allein dieſer Endzweck wird vollkommen
vernachläßigt; man liest aus Geſchmack, aus
Stolz, aus Leidenſchaft, aus langer Weile, um
gelehrter, um witziger, um ſchlauer, um bos‐
hafter, nicht um ein beſſerer Menſch zu werden.

Durchgehet die Bücher unſers Zeitalters,
eine kleine Zahl ausgenommen, und ſehet, ob
ſie nicht ein ewiger Widerhall der Alten ſind,

der

der immer schwächer und schwächer wird, je öfter er sich wiederholt. Die Wahrheit ist nur eine; die Lektüre kann keinen andern Zweck haben als uns zur Wahrheit zu führen; wenn wir sie in einem Dinge gefunden haben, so sind alle Bände überflüßig, die über diesen Gegenstand geschrieben worden sind. Die Wahrheit ist das große Ziel, nach welchem alle Gelehrte trachten sollen; sie gleicht einer Scheibe, die die Natur öffentlich ausgestellt hat, um den Schützen zu prüfen. Jeder kann es wagen, seinen Pfeil nach dem Ziele zu werfen; nur wird einer näher, der andere entfernter stecken; mancher wird gar die Scheibe verfehlen; nur die, die dem Mittelpunkte am nächsten sind, sind die bessern, und der beste, der den Mittelpunkt durchbohrt hat. Ist das Ziel erreicht, so ist die Scheibe unnütz; auch hat nur der einen Werth, der seinen Pfeil ins Mittel warf, oder nahe ans Mittel. Wozu sind die Tausende, die weit von dem Ziele ihre Köcher leerten? Dieses ist ein Bild unserer Litteratur; die meisten Schriftsteller ent-

fern-

fernen sich vom Mittelpunkte der Wahrheit, und kommen dem Ziele gar nicht nahe.

Wenn gar keine Lektüre wäre, so wäre es freylich dem Fortgange menschlicher Kenntnisse sehr hinderlich; es wäre dem Forgange menschlicher Geisteskräfte auch wirklich schädlich, aber doch gewiß lange nicht so schädlich als jener blinde Eifer tausend Broschüren zu durchblättern, und alles nach der Quer und nach der Länge anzunehmen, nach dem verpfuschten Maßstabe der meisten Schriftsteller. In jedem Reiche verhält sich alles nach Maß und Gewicht, nur im Reiche der Litteratur will man weder Maß noch Gewicht haben; jeder mißt und wägt nach seinem Eigendünkel; was Wunder denn, daß Betrug und Verwirrung herrschen? — Das Abgeschmackte und Böse gefällt; gute und aufklärende Bücher werden von wenigen gelesen, man fängt die Lektüre mit Broschüren an, um den Geschmack früh zu solidern Werken zu verderben. Nur ein Gelehrter, sagt ein gewisser Schriftsteller, kann ein Buch schreiben, aber Narren schreiben auch Broschüren, und doch wurden

B Nar=

Narren immer mehr als die Gelehrten geschätzt. Die Mäcklerey der Buchhändler trägt zum Verderben der gesunden Lektüre das meiste bey. Um ihren Gewinn zu beförbern, denken sie nur auf Abgang, und nicht auf den Werth der Sache. Sie bedienen sich der Leidenschaften der Menschen, zur Befriedigung ihrer Phantasien und Launen. Daher der Ursprung so vieler sittenverderbender Bücher; daher der metaphisische Tand, jene dichterischen Tändeleyen, die das Gefühl entstellen, und die Sinnlichkeit reizen. Die meisten Autoren, die unter dem Despotendrucke der Buchhändler schmachten, richten sich manchmal nach ihren Launen, und schänden daher die Litteratur durch ein niederträchtiges Kommerz des Eigennutzes. Hieburch verwandelte sich die reine Sittenlehre in Sinnlichkeit, hiedurch verlor selbst die Freundschaft ihre Würde; die Liebe hat jenen sanften und lächelnden Blick der Unschuld nicht mehr, der die Menschen zur Sittlichkeit führte; sie veränderte ihre freye Miene in die Miene der Buhlerinn, um durch entlehnte Masken zu betrügen. Die

Freund=

Freundschaft wird entheiligt, und verschwindet wie eine Chimäre in dem Augenblicke, wo sie durch That und Rath ihre Wirklichkeit äußern soll.

So verdorben ist die Theorie der Sitten durch die Verwirrung der Denkart verschiedner Schriften; sie gleicht einem Schattenspiele, das manchmal die reizendste Gegend bildet, und von der nichts übrig bleibt, wenn das Gas durch die Laterne gezogen ist.

O Jugend! die du die Hofnung der Nation bist; die du einstmals beytragen sollst, sie glücklich zu machen; was erwartet dich unter dem Wirwarr der Schriften unsers Jahrhunderts?

Versenke dich nicht zu früh ins Chaos litterarischer Verwirrung; lies und überlies, und durchdenke das große Buch der Natur. Bewundere ihre Schönheiten, ihre Reichthümer, und betrachte das Original selbst, ehe du die Zuflucht zu ihren Kopien nimmst.

Wenn ich hier von der Schädlichkeit der Lektüre rede, so ist es nicht, um die Lektüre ganz zu verdammen; ich kenne ihren Nutzen; nur will ich, daß sie gemäßigt sey, und nicht ausarte, daß sie nicht bloß Modelektüre sey, sondern Bildung zur Nachahmung. Ich will, und Staats und Menschenwohl wollen es auch, daß sie verhältnißmäßig mit unsern Pflichten sey, daß sie eine Lehrerinn, eine Freundinn für uns sey, die uns zur Wahrheit, zum Glücke führe, und uns nicht von Wahrheit und Glück entferne. Sie muß nicht ihre Grenzen überschreiten, sie muß nicht der Willkür der Jugend überlassen werden; sie muß nicht die Unterhaltung einer müßigen Einbildungskraft seyn; denn unwissend unser verändert sie unsern natürlichen Karakter, verlöscht unsere Grundtriebe zum Guten, und kann uns durch unsere falschen Ideen irre führen. Der Verirrung des Verstandes folgt so gerne die Verirrung des Herzens; leicht verführt die Lektüre zur Rechthaberey, zur Partheylichkeit; sie erstickt manchmal unsere Einbildungskraft, oder täuscht sie durch falsche Bilder und er-

erſtickt durchs Gift feiner Leidenſchaften den
Keim des Guten, des Nützlichen und des Großen.

Nur die Lektüre, die nach den Regeln un=
ſerer Pflichten und unſerer Vervollkommnung ge=
ordnet wird, kann gut ſeyn; jede andere iſt un=
mittelbar ſchädlich; die geordnete Lektüre iſt ei=
ne glückliche Stütze unſers Verſtandes, ſie al=
lein kann unſer Troſt in den Müheſeligkeiten des
Lebens werden, eine vernünftige Führerinn in
unſerm Unglücke, eine Leuchte für unſere Un=
wiſſenheit, und eine Geſellſchafterinn in den Stun=
den der Langenweile. Sie iſt ein Mittel für tau=
ſend Leiden der Seele; allein ſie muß die ſeyn,
die ſie ſeyn ſoll.

Es würde mir leid thun, wenn man glaub=
te, daß ich den Künſten und Wiſſenſchaften zu
nahe treten wollte; ich habe immer öffentlich
ihnen die Gerechtigkeit wiederfahren laſſen, die
ſie verdienen, und ich wiederhole es, daß ohne
ſie der Menſch ein elendes Geſchöpf wäre, daß
die Laſt der Unwiſſenheit und des Elendes ſchwer

auf

auf ihm liegen würde: meine Absicht ist daher nicht, die Wissenschaften zu unterdrücken, oder die Lektüre auszumerzen; ich bin überzeugt, daß Unwissenheit zum Laster führt, und daß der Unwissende hart die Wege verläßt, die er geht, weil er keine edlere kennt. Ich bin überzeugt, daß nur Kenntnisse den Menschen zum Guten führen können, aber ich möchte gerne, daß man den Weg der Wissenschaften von den Dornen reinigte, die ihn bedecken.

So sehr ich die Wissenschaften liebe, so sehr hasse ich die falschen Kenntnisse, diese eiteln Wörterwissenschaften, die der Stolz und der Eigennutz für die wahren ausgiebt, um die Menschen in Irrthümer zu führen; ich wünschte, daß die Menschen, die lesen wollen, nur solche Bücher läsen, die sie wirklich besser machten, und nicht in Irrthümer führten, die ihrem Verstande wahres Licht gäben, und ihn nicht in Verwirrung brächten.

Wenn der Mensch die ersten Jahre seiner Kindheit verläßt, wenn er anfängt Geschmack an der Lektüre zu finden, so ist dieses der wichtigste Zeitpunkt zur Bildung seiner Seele. Seine Denkart richtet sich nach den ersten Begriffen, die in seinen Geist übergehen; nach dieser Denkart verhalten sich seine Sitten, nach dieser seine Lebensart.

Was haben wir in unserm Zeitalter von der Geistesbildung der meisten jungen Leute zu erwarten? Selbststolz ist das erste Laster, das die meisten durch die Lektüre einsaugen; denn Verachtung gegen Moralität und Religion, und so bilden sie sich staffenweise zum sinnlichen Egoismus. Das Lesen der Alten wird vernachläßigt, sie irren in dem unübersehbaren Labirinthe von Büchern und Broschüren herum, und vergebens reicht ihnen die Vernunft den Faden, um aus diesen Irrgängen zu kommen. Vergebens ruft ihre Stimme: Söhne der Klugheit! übersehet im Großen den Geist der Jahrhunderte, den herrschenden Karakter der Nationen, die Wissenschaften und

Kün=

Künste, die bewunderungswürdigen Monumente unserer Stärke und unserer Schwäche. Wendet eure Blicke auf die Männer, die sich durch Tugend und Weisheit groß machten, und nicht auf jene kriechende Menge der Sterblichen, die die Wissenschaften und Künste durch ihre Kleinheit, schändeten. Nur jene grossen Seelen, jene erhabenen Geister, die die Natur zur Bewunderung nachkommender Jahrhunderte erzeugte, verbleiben bewundert zu werden; nur ihre Schriften sind unserer Betrachtung, nur ihr Leben unserer Nachahmung würdig.

Studirt die Geschichte, und lernet aus selber den natürlichen Menschen kennen; suchet den natürlichen Menschen unter den Völkern auf, die noch roh, ungekünstelt und unverdorben sind; lernet bey selben den Menschen kennen mit seiner Wildheit, seinem Hange zur Freyheit, mit seiner Größe und seinem Elende. Gehet dann zurück, und durchdenket die Handlungen der Menschen, die euch die Geschichte liefert; lernet aus selben, wie die Tugend allein zur Glückseligkeit führt; wie mit ihr Staaten aufkeimten, ohne ihr Staaten ver=

verstelen, und bald werdet ihr den Werth der Sitten und die Wohlthat der Religion einsehen. Die Dichtkunst hat keinen Werth, wenn sie nicht zu Sitten und Tugend führt; das Buch eines Fenelons würde uns schadlos halten, wenn Bibliotheken von Dichtern verbrennen würden. Mit den Büchern verhält es sich wie mit den Menschen; der Gute wählt nur den Guten zum Umgange, und wird in der Gesellschaft des Weisen klüger und besser. Der Gute sucht auch unter den Büchern den Umgang des Guten; allein er muß auch einen Führer haben, der ihn kennen lehrt, was gut und nicht gut ist. Weit gefährlicher ist die Verführung des gesellschaftlichen Umgangs. Tiefer dringt ihr Gift ins Innere der Seele, und verderbt Einbildungskraft und Herz. Der gute Mensch flieht die Gesellschaft des Bösen; und der Mann von Geschmack flieht die Lektüre des Schlechten. Es ist ein irriger Grundsatz, wenn man sagt, der Staat kann alle guten und bösen Bücher ungescheut verkaufen lassen; es sey Despotismus, die Druckereyen einzuschränken, und ihnen Einhalt zu thun.

thun, sey so viel als Unterdrückung; man lasse nur den Werken des Geistes freyen Lauf, kaufe davon wer will; die Freyheit erhebt die Seele, Zwang und Furcht erniedrigen sie zum kriechen.

So ist die gewöhnliche Sprache; allein dieser Einwurf ist ein schädlicher Trugschluß, erzeugt durch Ausgelassenheit, die keine Gesetze und keinen Zwang kennen will. Jeder Staatsmann, der gleichgiltig alle guten und bösen Bücher in dem Staate ansehen würde, würde der Verderber des Staates seyn.

Die Polizey, die für die Sicherheit des Bürgers wacht, verbietet unter schweren Strafen den Verkauf phisischer Gifte, und kann selbe wohl den Verkauf moralischer Gifte gleichgiltig ansehen? Freylich ist die Freyheit das erste Recht des Menschen; aber wahre Freyheit, das Recht nemlich, ohne Zwang zu handeln; was die Verhältnisse des Staats, die Verhältnisse der Gesellschaft fodern. Diese Freyheit im Staate erstreckt sich darauf, unbeschränkt

schränkt nach den Gesetzen zu handeln, nicht wider
die Gesetze, denn auch die natürliche Freyheit des
Menschen hat seine Verhältnisse, sonst ist sie nicht
Freyheit, sondern Raserey und Ausschweifung. Die
Freyheit des Menschen kann nicht darinn be=
stehen, um sittliche Unordnungen zu vermeh=
ren, und zugleich den Geist und das Herz
der Menschen zu verderben. Es ist nicht all=
zeit Unwissenheit, die die Menschheit unglücklich
macht, auch die Irrthümer sind es, die Kinder
der Unwissenheit; aber diese Irrthümer sind zu=
gleich auch die Kinder der falschen Wissenschaft.

Alles, was in der Natur ist, hat seine un=
unveränderlichen Gesetze, und diese Gesetze er=
strecken sich nicht allein auf den phisischen, son=
dern auch auf den sittlichen Menschen. Der
Körper hat seine Verhältnisse, wie der Geist;
jener verhält sich nach phisischen, dieser nach
moralischen Gesetzen; alles nach Harmonie, nach
allgemeiner Bestimmung. Die Weisheit der Al=
ten und die Religion lehren uns, daß der
Mensch nicht bloß für diese Körperwelt geschaf=

fen

sen ist, daß seine Seele fortdauert, und daher sich schon hier an zukünftige Dinge ankettet. Unsere Bestimmung, unsere Verhältnisse des Geistes, die zur moralischen Ordnung nothwendig sind, sind daher alle jene sanften, friedfertigen, wohlthätigen Neigungen, die nach ewigen Gesetzen der Moralität unser Wesen bestimmen. Alles was uns von diesen sanften Trieben entfernt, worinn unser und das Glück anderer beruht, das ist widernatürlich; es zerstört die Ordnung des Ganzen, und ihre Folge ist Verwirrung, sittliches und körperliches Verderben.

Der Mensch konnte diese Verhältnisse aus dem Lichte seiner eigenen Vernunft nicht deutlich genug einsehen; es war daher seinem Wesen eine Offenbarung nothwendig, die seinen Verstand darüber aufklärte.

In der Einsicht dieser sittlichen Verhältnisse, in der Ausübung derselben zum Glücke der Menschheit liegt der Inbegriff menschlicher Weisheit.

Ge=

Gelehrt seyn, oder Kenntnisse haben heißt noch nicht weise seyn; diese Kenntnisse nach den Gesetzen der Sittlichkeit ordnen, sie in Ausübung bringen, zur Harmonie des Ganzen beytragen, den ganzen Menschenberuf unserer Bestimmung erfüllen, den uns die Religion so sehr ans Herz legt, das ist Weisheit, und hierinn müssen sich alle Wissenschaften konzentriren. Was diesen Zweck nicht erfüllt, kann nicht gut seyn, kann nie gut werden, denn es führet zur Unordnung, zum Verderben.

Im Sittlichen ist die Geistesausbildung nichts anders, als der Ackerbau des Herzens; die Seele muß sittliche Früchte hervorbringen; wer daher Samen ausstreut, muß Fruchtsamen säen, und nicht Unkraut. Das Licht und die Weisen, sagte Confucius zu seinen Schülern, gleichen hocherrichteten Mauern, die euch wider die Laster schützen; eure Nachbarn müssen den Waschen gleichen, die Uebels von euch abwenden; eure Aeltern und eure Freunde einer Stütze, worauf ihr euch sicher lehnen könnet; die Vorsehung

hung wird über euch wachen, aber ihr müßt euer Herz der Tugend mit Aufrichtigkeit weihen; wenn ihr die Tugend vernachläßigt, wenn ihr eure Pflichten versäumt, so entsagt ihr euern Rechten, und ihr werdet euch allen Uebeln preisgeben.—

Ohne Tugend, ohne Weisheit findet ihr keinen Grund, worauf ihr bauen könnet; es kann kein Staat bestehen ohne Weisheit, ohne Sitten, ohne Gesetze. Aufgeklärte, tugendhafte Menschen müssen das willfährige Herz ihrer Lehrlinge bilden, und die Reichthümer der Sittlichkeit in ihre Seele schütten. Reiche verfallen gleich einem hohen Baume, der seine Gipfel prächtig zum Himmel richtet, nicht darum, wenn man Zweige oder Blätter ihm raubt, sondern weil die Wurzel faul ist, auf der er ruhet. Das Herz des Menschen ist diese Wurzel; der Stamm ist der Unterricht, und die Blätter sind die Kenntnisse. Wenn das Herz verdorben wird, so verdirbt alles.

XX.

Das Beyspiel ist der Magnet der Sitten; es ist nicht genug, daß das Gute in Büchern steht; der Staat muß dem Guten die Achtung widerfahren lassen, die ihm gebührt, und es in Ausübung bringen. Das üble Beyspiel verderbt mehr in einem Jahre, als sonst Jahrhunderte verderben könnten. Ehevor die Kinder verderben, müssen die Väter verdorben seyn, und die, die die Erziehung der Kinder besorgen; und dieses ist beynahe der allgemeine Fall in unsern Zeiten. So schleicht das Gift, wirkt und pflanzt sich fort im Schoose der Familien. Das üble Beyspiel, eine verdorbne Moral, elende Broschüren, verderbliche Bücher, wohllüstige Romane gehen von Hand zu Hand, und stecken gleich einer Seuche die besten Herzen an; nachdem sie den Geist der Ordnung erstickt, den Keim zur Tugend zertreten haben: so weicht aus den Herzen die Tugend, das sanfte Gefühl der Menschenliebe, feindselige Neigungen der Selbstliebe zerreißen die Bande der Familien, die Kette, die den Vater an Sohn, den Sohn an Vater schließt; man überschreitet Gesetze und

Pflich-

Pflichten, und tritt endlich die Tugend selbst zu Boden. In diesem Zustande der äußersten Herabwürdigung und des sittlichen Verderbens — kann man wohl hoffen gute und wahre Bürger zu finden? Diener, die die rechtmäßige Macht ober sich erkennen, Menschen, die sich verehren, die sich lieben, die die Pflicht der Menschlichkeit und der Religion erkennen? — O nein! Du findest sie nicht, es ist unmöglich. So bald die Grundsäulen des göttlichen und menschlichen Ansehens durch unverschämte Kühnheit gefrevelt wird, so sind die Leidenschaften den Flüssen gleich, die aus ihren Schranken treten, die Dämme wegreißen, und alles weit umher überschwemmen.

Der Litteratur erstes Geschäft soll seyn, den Menschen zur Religion zu führen, denn nur in ihr liegt die Basis menschlicher Glückseligkeit. Sie bildet das Herz, leitet den Willen, und entwickelt das schlummernde Gute zur edeln Handlung. Sie verbessert das Herz, und nichts kann im Universum verbessert werden, ohne daß
nicht

nicht das Ganze an dieser Verbesserung Theil nimmt.

Die Laterne, die auf dem Leuchtthurme ausgesteckt wird, beleuchtet nicht nur den Thurm, worauf sie ist, sondern verbreitet ihr Licht weit hinein in den Ocean, und schützet vom Untergange die Schiffe in eine ferne Weite.

Bey der Menge der Irrthümer, die den Geist verdunkeln, ist es nothwendig, die ersten und primitiven Wahrheiten zu kennen; diese führen zu andern, wie die Grundwissenschaften die Elemente aller Kenntnisse sind. Diese primitiven Wahrheiten liegen nur in der reinen Moralität; denn diese führt uns zu den Kenntnissen unserer Pflichten. Die Tugend wohnt nicht bey dummer Unwissenheit unserer Pflichten. Wenn der Mensch bey Zeiten den Werth der Tugend kennen lernt, so wird er das Uebel nur alsdenn kennen lernen, wenn er im Stande ist, sich gegen dasselbe zu schützen.

C Die

Die Tugend ist die Kenntniß und die praktische Liebe unserer Pflichten gegen das höchste Wesen. Sie ist jene Schutzgottheit des Staats, die unser Wohl und das Wohl unserer Nebenmenschen befördert. Nur die Tugend, mit der unser Herz vertraut wird, ist jenes geheiligte Pfand, das die Vorsicht der Weisheit anvertraut, um durch sie gute Menschen zu bilden. Durch sie allein entstehen die Sitten, die Schützerinnen der Gesetze, der persönlichen Sicherheit, des Eigenthumes und des allgemeinen Glückes.

Die Sitten sind zur Glückseligkeit des Menschen unentbehrlich, sie sind nothwendig zu seiner Erhaltung. Es giebt eine einfache, primitive Sittenlehre, die der Grundstein von allem Guten ist. Diese Sittenlehre, diese erste Seelenbildung des Menschen giebt die Religion; sie ist dem Menschen unentbehrlich, denn nur durch sie kann er würdig seine Bestimmung hienieden erfüllen.

Diese primitive Moralität ist die Moralität des Christen; entfernt von Fanatismus besteht

sie

sie in Erfüllung der Grundsätze, die die Gottheit selbst in die Gesetztafeln grub. Diese reine Sittenlehre ist der Grund aller Philosophie; sie befruchtet den Keim der Tugend, der sanft im menschlichen Herzen aufwächst; sie bringt Wohlwollen, Menschenfreundlichkeit, Patriotismus hervor; sie ist von gleichem Werthe für die, die befehlen, und für die, die gehorchen. Sie bildet das Herz der Fürsten zur Empfindung, zur Gerechtigkeit, zur Menschlichkeit, und die Herzen der Bürger zur Treue, zum Gehorsam, zum Glücke. Sie führt auf die ursprünglichen Wahrheiten der natürlichen Ordnung zurück, auf die Gesetze der Billigkeit, von welchen das Glück der Menschen unzertrennlich ist.

Es kann nie genug dem Herzen aller Menschen der Werth der Religion eingeprägt werden. In den ersten Jahren der Jugend ist es nothwendig, sie liebenswürdig zu machen.

Die Liebe zur Religion flößt heilige Ehrfurcht für die grossen Geheimnisse ein, die sie ver=

verschließt. Nie wird der Mensch das beleidigen, was er liebt, nie freveln über das, was er ehrfurchtsvoll verehrt. So würden die Menschen von der Liebe und Ehrfurcht der Religion zur Ausübung ihrer Pflichten schreiten.

Jeder reine Begriff der Sittenlehre führt zur richtigen Beurtheilung der Ordnung der Gesellschaft; der Begriff von Verbindung und Pflicht führt zur Verbindung und Pflicht, und so giebt das Gesetz den Gesetzgeber, den Belohner, den Rächer.

Diese Art der Begriffe über Belohnung und Strafen ist es, die die stärkste Wirkung auf die Herzen der Menschen und auf die Verfassung der Länder hat. In ihr liegt die große Sanktion, ohne die Länder zerfallen, Reiche umstürzen, und Menschen unglücklich werden.

Nur die genaue Kenntniß der Pflichten der Religion, der Sittenlehre und der Gesellschaft giebt uns die Kenntnisse unserer Obliegenheiten;

durch

durch sie öfnet sich unser Herz gegen Gott, gegen die Menschen; durch sie werden uns unsere Pflichten heilig und lieb. Dieses reine Gefühl, wenn es einmal ganz in die Seele übergeht, und zum Geschmacke wird, so erzeugt es einen Hang, der Hang jenen großen Enthusiasmus der Tugend, wodurch die Fürsten, die Reiche jene heilige Sicherheit, jene Ehre und Macht erhalten, die nur die Früchte reiner Religion sind.

Alles muß nothwendig glücklich werden, wenn die Weisheit alles regiert, und wenn in der sittlichen Welt wie in der phisischen nur Eine Ursache der Aktion ist, die sich niemals verwirrt. Diese Weisheit liegt in dem primitiven Gesetze unserer Bestimmung; dieses primitive Gesetz in der Moralität; diese Moralität in Religion. Ihre Folgen sind daher nothwendig tugendhafte Beyspiele, die auf das Herz, auf die Seele, auf den Willen wirken, und grosse Nachahmungen erwecken.

Ord=

Ordnung und Gutes können nur von Gott kommen; es liegt nur in den ewigen Verhältnissen, und diese Verhältnisse sind enthüllt durch die Offenbarung. Da Ordnung und Gutes nur Eine Quelle hat, so muß nothwendig Unordnung und Böses erfolgen, wenn man diese Quelle verläßt. Dieses ist der Fall in unserm Jahrhunderte. Die Menge der Bücher, anstatt sie uns der Tugend und unsern Pflichten näher führen sollten, entfernten sie uns mehr von den einfältigen Gesetzen der Natur und der Offenbahrung. Sie drückten unsern Geist tief ins Chaos der Elemente, erniedrigten uns zur Sinnlichkeit und zur Selbstliebe, die keine Ordnung, kein Gesetz, keine Tugend mehr kennt.

So ward das Band zerrissen, das die Fürsten an die Unterthanen, die Unterthanen an die Fürsten kettete; so entstund Privathaß und alle jene feindselige Neigungen, die die Folgen der Entfernung von der Liebe sind, denn Liebe ist nur dort, wo Gott ist, und Gott nur dort, wo Religion ist.

Stellet

Stellet eine Million Menschen an die Ufer eines reissenden Flusses; keiner wird es wagen, am hellen Tage sich ins Wasser zu stürzen; tausend Hände sind bereit zu seiner Rettung; wenn aber Dunkel und Nacht herrscht, so wird sich mancher verirren und ewig verlohren seyn. Diese Nacht ist die Nacht der Unwissenheit, die Nacht der Entfernung von der Weisheit — Entfernung von Gott, der allein Licht ist, und dem Menschen durch die Offenbarung leuchtet.

Wenn ein Tollsinniger in dicken Finsternissen schreiet: Folget mir nach, oder ihr geht zu Grunde; so werden viele dem falschen Scheine des Lichtes folgen; manche werden durch den Wiederschein des Wassers betrogen in ihr Verderben rennen, und der Weise wird keinen retten können.

So ist das Bild der Aufklärung unsers Jahrhunderts; Alles schreit nach Licht, und der größte Theil folgt doch nur Irrwischen oder dem Scheine verführerischer Lampen.

Man

Man kannte in unserm Jahrhunderte wirklich den Werth der Religion zu wenig; statt sie von jenem Gesichtspunkte zu betrachten, in der sie die Grundfeste des Gebäudes menschlicher Glückseligkeit ist, gab es eine Menge tollkühner Schwärmer, die durch unrichtige Begriffe von Menschenfreyheit verführt, ihren wohlthätigen Einfluß auf's Menschenherz zu hindern suchten. Sie wollten an die Stelle der christlichen Moralität die blos natürliche setzen, und überdachten nicht, wie sehr die erstere die zweyte an Reinheit übertreffe, da sie das einzige wahre Verhältniß ist, wornach sich die Handlungen denkender Wesen richten müßen.

Die Kräfte des Geistes verhalten sich nach dem Willen denkender Wesen, denn nur im Willen liegt die Kraft, und Menschenfähigkeiten werden durch ihn zur That. Wie mehr dieser Wille den ewigen Verhältnissen der Menschenbestimmung, der Vernunft, unsern Fähigkeiten angemessen ist; wie mehr er sich auf einfache Principien gründet, desto enger und fester wird das Band der Glückseligkeit der Völker.

In

In der Natur giebt es nur Eine Wahrheit, nur Ein Grundgesetz, nur Einen Mittelpunkt, aus welchem alle gerade Linien in tausend und tausend Radios sich vertheilen; jede Linie, die nicht aus diesem Mittelpunkte gezogen wird, nicht von dem Umkreis gegen diesen Mittelpunkt trachtet, ist eine Linie, die die Ordnung der Dinge stört.

Dieser Mittelpunkt aller Dinge ist Gott; er der Schöpfer und Ursprung aller Geister, er die Kraft aller Kräfte, durch den nur allein jede Kraft nach Ordnung wirken kann.

Er ist die Richtschnur sittlicher Kräfte, ohne die die allgemeine Wirkung zu einem Endzwecke allgemeiner Liebe und der daraus entspringenden Glückseligkeit aufhört.

Das Organ, wodurch uns diese unendliche Kraft die Richtschnur unserer Verhältnisse mittheilt, ist die Religion, die Offenbarung. Ohne sie werden die Kräfte des Lebens zerstörende

Kräfte,

Kräfte, die Laute der Harmonie der Schöpfung Mißtöne im Universo.—

Nur wenn die Vernunft spricht, (und die Vernunft spricht nur, wenn die Weisheit die Lippen öfnet,) bildet sich das Herz nach edlen Gefühlen. Jede Bewegung der Seele, jede Begierde, die in unserm Herzen erwacht, bekommt ihre bestimmte Richtung, und diese Richtung der Seele giebt die Offenbarung. Unter dem Scepter der Ordnung, der Gerechtigkeit und der Sitten blüht das Glück der Menschen, und erhält sich die Wohlfahrt der Nationen.

Die Religion allein ist die Erzeugerinn der Sitten, denn sie ist die Grundlinie, worauf Sittlichkeit gebaut ist; ohne ihr sind die Gesetze stumpf; das Glück der Menschen feil, und die Federn der Regierung ohne Spannkraft.

In der Natur ist alles Einheit, alles Wiederholung, unendlicher Abdruck, eine Kette, eine Linie, die vom Unendlichen ins Endliche strömt.

strömt. Wer diese Kette zerreißt, diese Linie von dem Mittelpunkte entfernt, entfernt es von seinen ewigen Verhältnissen, und Entfernung von den ewigen Verhältnissen ist Zerstörung der Dinge, denn das Leben der Dinge liegt in der Ordnung, und die Ordnung im Gesetze.

Zu welch unerhörtem Hochmuth verleitete nicht der Selbststolz den Menschen, und wie weit hat die Frechheit der Menschen den Mißbrauch des Geistes gebracht! Wie viele leidenschaftliche Menschen thürmten Systeme ohne Grundlinien auf, wollten Könige und Menschen regieren, nach einer Ausmessung, die sie nach dem kleinen Geiste ihrer Beobachtung machten. Alle diese gewagte und zerstörende Meynungen vermeintlicher Philosophen oder Aufklärer gleichen jenem Staube, den ein Orkan in die Luft thürmt, der die Augen der Menschen verfinstert, und seiner Schwere nach wieder in sein Nichts zerfällt. Das Glück der Menschen hangt mehr von dem Geiste der Ordnung ab, als von Schöngeisterey.

Es

Es ist zuverläßig gewiß, daß falsche Einsicht, gewagte Angriffe, Mangel an Vorsicht, Fehler der Beurtheilungskraft eine Menge Schriftsteller in Irrthum leitete, und daß ihre ausgebreitete Meinungen den Geist der Nationen verderbten. Sie glichen jenem Phaeton, der die Sonnenpferde regieren wollte, und die halbe Welt in Brand steckte. Das Gefährlichste bey allem dem ist immer, daß die Ausschweifungen des Herzens mit den Ausschweifungen des Geistes verknüpft sind. Der Mittelstand ist meistentheils am höchsten verdorben, und dieser Mittelstand ist doch der, der das Band zwischen dem Fürsten und dem Volke macht. Kein Mann, der eine Stelle im Staate bekleidet, kann ein übles Beyspiel geben, ohne daß er nicht die bürgerlichen und sittlichen Tugenden beleidigt; die Seuche, die von oben herabkömmt, steckt nach und nach jedes Glied der Gesellschaft an, denn es giebt auch eine sittliche Elektrizität, wie eine physische, die sich vom ersten bis zu dem entferntesten Gliede mittheilt.

Nur das Geſetz der Tugend, das ſo einfach und rein iſt, redet eine einförmige Sprache mit allen Völkern; es iſt jedem vernünftigen Weſen verſtändlich, es iſt nicht mit Schatten und Finſterniſſen umhüllt; es iſt lebend, es iſt mit unauslöſchlichen Caraktern in aller Herzen gegraben; ſeine Befehle trotzen allen Revoluzionen des Erdbodens, allen Verwüſtungen der Zeit, allen eigenſinnigen Gewohnheiten. Irrthümer und Laſter ſind ihre Opfer, die Welt und das Herz des Menſchen der große Tempel, und Gott die einzige Gottheit, die es anbethet. Man hat dieſes zwar tauſendmal geſagt, aber es iſt gut, es immer wieder zu ſagen. Alle Schriftſteller, alle Erzieher, alle Männer, die das Volk bilden, ſollen es hundertmal wiederholen, denn nur durch beſtändiges Wiederholen erlangt der Geiſt eine Fertigkeit, nach den Geſetzen der Ordnung zu denken und zu handeln.

Es liegt im Menſchenherzen, daß ſich ſelbes nur nach und nach zur Tugend bildet. Auch die ſittlichen Geſetze gleichen den phyſiſchen:

zuvor

zuvor Keim, dann Entwickelung und Frucht; zuvor Knospe, dann Blume.

Nichts ist groß, wenn es dem Menschen keinen Nutzen schaft; die glänzendsten und kostbarsten Denkmäler verdienen am wenigsten die Bewunderung des Weisen, wenn sie blos zur unnützen Pracht erbaut sind. Die Maschine, welche zu unerreichbaren Höhen das Wasser in den Gärten der Großen treibt, hat lange nicht den Werth, den das bloße Rad hat, das ein Bächlein in Bewegung setzt, um Brod für viele Dörfer zu malen, oder dem arbeitsamen Handwerker seine Arbeit zu erleichtern. Das Genie kann von einem weiten Umfange seyn, aber es ist nur alsdann groß, wenn es dem Menschen Nutzen verschaft. So verhält es sich ebenfalls mit den Werken des Geistes.

In der That! Was enthalten denn auch die unzähligen Bände, die in unserm Jahrhunderte geschrieben worden sind? Sie sind nichts, als Wiederholungen von einerley Sache. Die
Philo=

Philosophie hat sich in unsern Augen unter dem Bilde einer allzeit berühmten, allzeit kopirten, aber niemals verschönerten Statüe dargestellt. Im Original ist sie weit vollkommener, als in allen ihren goldnen und silbernen Copien — ja, sie ist weit schöner, wenn sie von der einfältigen Hand eines Landmannes aus Holz geschnitzt in seiner Hütte dasteht, als wenn sie mit prächtigen Verzierungen von Schmeichlern in Pallästen aufgesetzt wird.

Sobald die Menschen ihrer faulen Schwachheit überlassen, blos der Meynung anderer folgen, so werden ihre Talente nachahmerisch und knechtisch, sie verlieren die Erfindung und die Originalität. Was für große Entwürfe und erhabene Spekulationen sind durch den Odem der angenommenen Meynungen ausgelöscht worden? Die Zeit hat blos die leichten und glänzenden Dinge, die den Beyfall der Menge hatten, bis auf uns gebracht, indessen da sie die männlichen und starken Gedanken verschlangen, die zu simpel und zu erhaben waren, als daß sie dem Pöbel hätten gefallen können. Wenn

Wenn gute Köpfe sich versammelten, und das Wesentlichste aus tausend Foliobänden unsers Jahrhunderts herauszögen, so würde vielleicht aus dem größten Theile das Beste in ein kleines Duodetzbändchen gebracht werden können. Unter diese Bände dürfte man aber jene Broschüren, Critiken, Almanachen, Recensionen ꝛc. gar nicht rechnen, die manchmal die Schande unsers Jahrhunderts sind, und aus denen man, wenn sie der geschickteste Chimist bearbeiten sollte, nicht einen Tropfen Geist erhalten würde, wenn man alles das grobe und leidenschaftliche Gezeug wegwerfen wollte, woraus diese leidenschaftliche, grobe Abdrücke bestehen.

Unter den Werken des Geistes erhält keines in den Augen der Vernunft einen Werth, als dasjenige, das den Menschen besser und glücklicher macht. Die Litteratur kann nur zween Zwecke haben, als erstens: Alles dasjenige zu befördern, was zum sittlichen Wohl der Menschheit beyträgt, als Seelenbildung, reine Moralität, erhabene Begriffe von den Wahrheiten der
Religion

Religion und der Offenbarung; der zweyte Zweck ist alles, was zur körperlichen Glückseligkeit der Menschen beyträgt, und wodurch die Erhaltung der Gesundheit, die Erleichterung der Arbeiten, und die Bequemlichkeit des Lebens die Gegenstände eines Schriftstellers werden.

Wenige Schriftsteller sind in unserm Jahrhunderte diesem Endzwecke treu geblieben; und daher die Verwirrung irrgeführter Geisteskräfte des Menschen, die mit der Zeit nothwendig den Verfall aller Staaten nach sich ziehen werden.

Was erhält die Staaten? Was ist die Stärke der Konstitutionen? der Sisteme, Gesetze, Ordnungen? Was sind Gesetze, was sind Ordnungen, was Entwürfe, wenn sie nicht befolgt werden? Sie sind nichts vermögende Mittel für grosse Uebel. Was ist wohl vermögend, die Gesetze aufrecht zu erhalten? Die Entwürfe zur Reife zu bringen, und den Ordnungen ihre Dauer zu geben? Die guten Sitten, und die praktischen Tugenden. Diese sind die Folgen tiefer

fer Kenntniſſe und der Liebe ſeiner Pflichten; und die Quelle dieſer Kenntniſſe, dieſer Liebe, iſt die Volksbildung, die in unſern Zeiten meiſtentheils durch das Leſen verſchiedner Bücher erhalten wird. Es erhellt hieraus, wie wichtig Schriftſteller für die Nationen werden; ſie bilden die Denkungsarten um, und mit Veränderung der Denkungsarten ändern ſich die Gewohnheiten; mit den Gewohnheiten die Verfaſſungen. In ihrer Macht ſtehen die ſittlichen Kräfte der Menſchen, die die phiſiſchen weit übertreffen; ſie leiten den Willen, und haben die Schlüſſel zu den Herzen der Menſchen.

Nicht die mächtigſten, ſagt ein gewiſſer Schriftſteller, nicht die reicheſten Fürſten, nicht die beſondern Beherrſcher eines Volks ſind es allezeit, denen die Staaten ihren Glanz, ihre Stärke, und ihren Ruhm verdanken; es ſind oft bloſſe Privatperſonen, welche in den Künſten und Wiſſenſchaften, und ſelbſt in der Regierungskunſt einen erſtaunlichen Fortgang gemacht haben. Wer hat die Erde gemeſſen? Wer hat das

Siſtem

Sistem des Himmels entdeckt? Wer hat die bewundernswürdigsten Manufakturen in Gang gebracht? Wer hat die Tiefen der Chemie, der Zergliederungskunst, der Kräuterkunde erforscht? — Es waren bloße Privatpersonen, die im Stillen, im Einsamen lebten. Binnen der Zeit, als sich Größe und Hochmuth mit eigner Eitelkeit nährten, arbeitete oft die Weisheit im Stillen, und jähling erwachte der Geist der Nationen, der Jahrhunderte schlummerte.

So waren die Gelehrten und Schriftsteller, die für die Menschheit arbeiteten, die verehrungswürdigsten Bürger des Staats. Alle Menschen fühlen das Bedürfniß, bewegt und gerührt zu werden, denn dieses ist das lebhafteste Vergnügen, das die Seele genießen kann. Sie sind es, denen der Staat die Sorge anvertraut hat, dieses Prinzipium von Tugend zu entwickeln; indem sie erhabene, rührende, schreckliche Gemälde schildern, so machen sie die Menschen zur Zärtlichkeit fähiger; und indem sie ihre Empfindsamkeit vollkommener machen, so bringen sie ihnen eine

Rei=

Neigung zu allen grossen Eigenschaften bey, deren Quelle sie ist.

Jedes Jahrhundert kann Beweise anführen, wie wichtig ihr Einfluß auf die Bildung der Herzen ist. Seelen wirken auf Seelen; Geister auf Geister; wer mit Gefühl spricht, erregt wieder Gefühl; wer das Mitleiden schildert, bildet zum Mitleiden, und so können sich Irrthum und Wahrheit, Tugend und Laster durch Schriften verbreiten. Es ist daher einer der wichtigsten Gegenstände der Regierung, daß auch Schriften geordnet werden nach dem allgemeinen Endzwecke der Glückseligkeit der Staaten.

Seit langen Zeiten her haben die Grossen und Reichen, die oft so wenig Talente als Tugenden hatten, die Schriftsteller als unbedeutende Menschen angesehen; eifersüchtig, daß diese die Augen der Nation auf sich zogen, thaten sie, als ob sie selbe verachteten. Sie folgten weder den Warnungen, noch den Wahrheiten, und der Koloß spottete des Sandbruchens, das sich von

dem

dem Gipfel des Berges unbedeutend herabließ, nach und nach zu einer Maſſe wurde, und das Sinnbild menſchlicher Regierungen in Staub warf. So verhält es ſich eben noch in unſerm gegenwärtigen Zeitalter. Die Druckerey überſchwemmte die Welt mit Meinungen, und die Menge von Meinungen verdrängte die Wahrheit, die das Antheil der Wenigern war, und ſo verloren ſich die praktiſchen Tugenden, die religiöſen Meinungen, worauf doch nur die Harmonie des Ganzen beruhte.

Es iſt unmöglich, künftigen Göhrungen vorzubeugen, die aus der Unordnung, die allgemein herrſcht, nothwendig entſtehen müſſen, wenn nicht auf eben dieſem Wege, auf welchem das Uebel verbreitet worden iſt, Mittel zur Vorbeugung aufgeſucht werden.

Herr Cranz in ſeiner Schrift, unter dem Titel: Einige Worte zu Beherzigung den Fürſten und Herzen Deutſchlands gewiedmet, hat zwar ſehr deutlich den böſen Einfluß

der

der mißbrauchten Litteratur, und mit sehr vieler Wahrheit gezeigt, daß die Preßfreyheit keiner gewaltsamen Einschränkung fähig ist; auch ist seine Vorschrift, auf welche Art gutdenkende Schriftsteller zum Wohl der Menschheit arbeiten sollen, sehr gründlich und überdacht.

Das Herz jedes biedern und redlichen Mannes fühlt es nur zu sehr, daß die Litteratur in unserm Jahrhunderte ausgeartet ist; worinn liegt aber diese Ausartung? Wie sind die Wissenschaften wieder in ihre Schranken zu leiten? Dieses sind eben so wichtige, oder noch wichtigere Fragen, auf welcher Beantwortung vielleicht das Heil ganzer Nationen liegt.

Es ist unzweifelbar, und für den Weisen längst erwiesen, daß im Universum ein allgemeines Gesetz der Ordnung liege, welches der Ewige selbst zur Grundlinie der Schöpfung gelegt hat, um nach dem allgemeinen Plane seiner Güte und Weisheit, die Natur, die Welt und alle denkende Wesen zu leiten. Diese Ordnung beruht in ewi=
gen

gen Verhältnissen, weil alles im Universum ein Ganzes und eine Kette ist, worinn ein Glied in das andere nothwendig passen muß. Ordnung ist das große Ziel der Gottheit; alles wird nach unendlichen Verhältnissen regiert; alles ist bestimmt zur Ordnung; Einheit und Vollkommenheit sind die grossen Zwecke des Unendlichen; alle Verhältnisse gehen nothwendig dahin, um zur Einheit, zur Vollkommenheit zu führen; darinn besteht das Wirken der Gottheit, darinn liegen die ewigen Gesetze. Nur in der Ordnung liegt Harmonie, Uebereinstimmung, Schönheit und Kraft, sowohl im Phisischen als Sittlichen. Das große Ziel aller Dinge ist Harmonie, Vollkommenheit körperlicher Wesen, Vollkommenheit geistiger Wesen. Diese Ordnung des Universums ist unveränderlich; sie hat nichts Verwickeltes, nichts Unerreichbares; aus ihr fließen die phisischen und sittlichen Gesetze, die dem Menschen von seinem Schöpfer mitgetheilt sind. Die Kraft, und die Macht der Gesetze haben ihre Ausdehnung, ihre Aktionen, und ihre Grenzen durch den Finger des Ewigen bezeichnet; darinn

grün=

gründet sich ihr Prinziplum, die Natur, die Welt, und die denkenden Wesen sind die Entwickelungen.

Die Natur handelt im Körperlichen durch simple Gesetze; sie sind einförmig, unveränderlich, wie die Erfahrungen der Phisik uns täglich erklären. Durch sie, und durch unsere Sinne sind wir an die Natur gebunden. Wir erkennen dadurch die Ursachen und Wirkungen, die Impulsionen und Entwickelungen, die Veränderungen und Progressionen, die Zusammensetzungen und Eigenschaften; die Energie der zusammengesetzten Dinge und die Wesenheit der Dinge. Alle Bewegungen, die in der Natur sind, folgen nothwendigen Gesetzen; die Gottheit schuf diese Gesetze; die Natur ist also das Gesetz des Himmels in der phisischen Welt; die Ordnung, woraus die allgemeine Harmonie entspringt, und der Ausdruck dieses Gesetzes ist die Führerinn der Natur.

Die

Die natürliche oder phisische, und die übernatürliche oder intellektuelle Ordnung ist also der Grund des Phisischen und Sittlichen, das im Universum liegt. Wie wir bereits gesagt haben, ist in der sittlichen Ordnung das allgemeine Gesetz alles dasjenige, was beseelte und vernünftige Wesen zu jenen sanften friedfertigen und wohlthätigen Neigungen führt, die sich harmonisch mit der Allliebe des Schöpfers verhalten. Alles, was von diesem sanften Hange entfernt, worinn Menschenglück und Seligkeit liegt, streitet wider die sittliche Ordnung, und sind rebellische Triebe gegen die Gesetze des Geistes.

Die sittliche Ordnung ist der Maßstab, die Regel und die Waage aller phisischen und intellektuellen Handlungen. Sie besteht darinn, daß alles nach der Absicht der höchsten Weisheit zu der höchsten und vortheilhaftesten Vereinigung der Wesen aufsteige.

Dieser hohe Ruf zur Vereinigung, zur Einfalt, zur Liebe, zur Verbindung macht dieCha-
rakte-

rakteristischen Züge der ewigen Ordnung aus. Keine Menschenmacht konnte andere und bessere Gesetze geben; diese sind das Siegel der Gottheit; diese Ordnung ist die Seele der Natur, das Prinzipium des Lebens. Ohne dieser Ordnung würde es weder Gesetze, noch Rechte geben, weder positive, noch gegenseitige Pflichten; es würde alles dem Zufalle Preis seyn. Die Ungewißheit, die Unbeständigkeit, die Blindheit würden die Welt regieren, die nichts als ein Chaos seyn würde. In der Uebereinstimmung unserer Handlungen mit dieser Ordnung besteht die Vollkommenheit unsers Geistes; denn, wer Ordnung liebt, erfüllt seine Pflichten mit Liebe, und opfert seinen Geschmack und seine Freuden der Liebe dieser Ordnung auf.

Zu schwach wäre der Mensch gewesen, diese ewigen Verhältnisse, nach welchen sich geistige Kräfte zur Vollkommenheit entwickeln, aus eigner Vernunft einzusehen; denn unsere Schwachheit, und das verlorne Licht, das der Mensch einst besaß, hinderten ihn im Reiche der Sinn=

lichkeit

lichkeit zu einer deutlichen Erkenntniß zu gelangen; er mußte daher eine Religion, eine Offenbarung haben, um die Verhältnisse kennen zu lernen, nach welchen geistige Kräfte zur Vollkommenheit und Harmonie aufsteigen. Die Offenbarung lehrt uns daher diese sittliche Ordnung kennen, nach welcher intellektuelle Kräfte sich verhalten müssen, um zur Vollkommenheit, zur Harmonie des Ganzen aufzusteigen; daher wird die Religion die Grundlinie, worauf alle menschlichen Gesetze nothwendig müssen gebauet werden, wenn sie zur Ordnung und zum Glücke führen sollen. Ohne Offenbarung giebt es keine sittliche Ordnung intellektueller Kräfte, denn der Mensch kennt die Gesetze dieser Kräfte nicht, und bedarf daher der Offenbarung.

Die Religion ist die Leiterinn des Herzens; ihre Gesetze gehen auf Willen und Verstand, und nur der Wille oder das Herz macht die Stärke intellektueller Kräfte aus.

Die

Die Religion entwickelte das natürliche Gesetz, worinn der Mensch die grossen Wahrheiten nur ahndete; sie vervollkommnete es und gab ihr das Gepräge des Göttlichen. Ihre Lehren sind keinem Tadel unterworfen; sie lehrt nichts, was den Gesetzen der Natur entgegen ist; sie erhebt selbe vielmehr, und zeigt sie von dem rechten Gesichtspunkte. Sie enthält alles, was Gerechtigkeit und Menschenliebe fodern, und was so wesentlich mit der Menschheit verknüpft ist. Kein Ungläubiger kann einen Mangel an ihr finden, ausgenommen, er legt ihr Meinungen bey, die in ihrer Wesenheit nicht liegen. Alle Weltweise, sowohl unsers Jahrhunderts, als des Alterthums, die die Sittenlehre auf die Natur gründen wollten und auf eignes Interesse, auf unsern Hang zum Glücke, haben zuletzt die Laster vergöttert, und die Mißbräuche gerechtfertigt.

Um den Menschen zum Guten zu leiten, um ihn dahin zu bringen, seine Leidenschaften zu unterdrücken, verschwendet die Moral des Christen=

ſtenthums alle möglichen Beweggründe; ſie vereinigt die Vortheile dieſes Lebens mit den Vortheilen der Ewigkeit, ſie unterſagt dem Menſchen nur jene zu unterdrücken, wenn ſie mit dieſen in Kolliſion ſtehen. Es giebt Fälle, wo ſie von uns fodert, den Vortheilen der Welt zu entſagen, und der Tugend groſſe Opfer zu bringen; dort, wo der Ungläubige, der Atheiſt, der Philoſoph keine Mittel, keine Beweggründe mehr hat, erheben den Chriſten die Hofnungen der Zukunft, Stärke kömmt in ſeine Seele, er erhebt ſich über ſich ſelbſt, und duldet eher alles, als daß er ſeine Pflicht verletzte.

Den herrlichſten Ausſichten, die als Lohn die Tugend erwarten, ſetzt die Religion noch Beyſpiele bey, die zur Nachahmung hinreißen. Ein vermenſchter Gott, der nichts befiehlt, was er nicht ſelbſt that, der keine Lehre der Tugend gab, die er nicht in Ausübung brachte, der iſt's, der jene groſſe Helden der Tugend erzeugte. Zu den Geſetzen der Natur fügte Chriſtus die evangeliſchen Räthe bey, um zu zeigen,

daß

daß er die menschliche Natur besser als alle Philosophen kannte. Es ist nicht möglich, dem Menschen hohe Begriffe genug von seiner Vollkommenheit einzuflößen — von der Vollkommenheit, zu der er sich durch die göttliche Gnade erheben kann.

Sobald er durchdrungen ist von dem Adel und der Würde seines Ursprunges, von der Größe seiner Bestimmung, von dem Verluste, den er erlitten, von den Mitteln, die er hat, sich wieder empor zu schwingen, von dem Werthe, den Gott auf unsere Seele legt, von der Liebe, die er gegen die Geschöpfe hegt, dann ist keine edle That, keine große Tugend, deren er nicht fähig ist.

Die kalte Philosophie erniedrigt; sie konzentrirt alles auf einen engen Egoismus; sie raubt uns Kräfte und Muth, da die Religion uns erhebt, Stärke und heroische Tugend verleiht. Die Religion änderte die Oberfläche der Erde, polizirte die Völker, versüßte ihr Schicksal in

den

den schrecklichsten Revolutionen, und machte ihren heilsamen Einfluß überall fühlbar.

Wir leben aber vielleicht eine unglückliche Periode, wo entnervte Seelen nicht mehr fähig sind, die grossen Wahrheiten zu fühlen, um die Nothwendigkeit einer Sittenlehre einzusehen, die unpartheyisch gegen jedes Laster zu Felde zieht — einer Sittenlehre, die hohe Tugenden erfodert, die der sinnliche Mensch für unmöglich hält, daß sie in der Natur des Menschen liegen können.

Die Philosophen unserer Zeit halten die Vaterlandsliebe und die Menschlichkeit als zwo sich widersprechende Tugenden, die sich nie in einem Staate vereinigt beysammen finden können. Der, sagen sie, der beide will, wird weder die eine, noch die andere erhalten; es ist unmöglich, zugleich einen Menschen und Bürger zu bilden — und doch hat das Christenthum dieses Wunder bewirkt. O daß uns Gott von einem Patriotismus beschütze, der die Menschheit erstickt;

aber

aber zugleich auch vor einer philosophischen Menschenliebe, die den Patriotismus unterdrückt.

Im Christenthume liegt der Plan allgemeiner Menschenerziehung; dieser Plan ist so eingerichtet, daß ihn alle Menschen fassen, alle Menschen ausüben können. Dieser Plan enthält alle nothwendigen Wahrheiten; seine ersten Gesetze sind so einfach, so wirkend, so tröstend! Glaube, Liebe, Hoffe! Welcher Inbegrif von Wahrheiten und Wirklichkeiten!

Hier ist der Grund, worauf alles gebauet werden muß, wenn es Bestand und Stärke haben soll; dieses ist der Fels, der unerschütterlich und unüberwindlich allen Zufällen trotzet. Die Religion muß zur Basis genommen werden; darauf müssen Fürsten ihre Gesetze, ihre Konstitutionen gründen, darauf müssen Wissenschaften und Volksbildung, Aufklärung und Menschenerziehung ihre Grundsätze feststellen. Sie ist die einzige Grundfeste, worauf sich Staaten sicher erhalten können, denn sie führt zur Einheit, zur

Har-

Harmonie, zur Vereinigung des Ganzen, woraus Stärke, Wahrheit und Weisheit entspringen. Sie bildet die Fürsten, bildet den Unterthan, den Hausvater und den Bürger; sie verkettet wohlthätige Neigungen mit wohlthätigen Neigungen, Pflichten mit Pflichten, und nähert sanft zur großen Menschenbestimmung. Dort, wo sie herrscht, sind weder Aufruhren. noch Revolutionen, können auch weder Aufruhren noch Revolutionen seyn; denn ihr Geist ist der Geist der Friedfertigkeit, nicht der Geist der Empörung; denn er ist der Geist der Duldung und der Liebe.

Der Glaube allein ist's, der Bürger und Unterthanen bildet; die Gesetze der Religion sind der Natur unsers Wesens angemessen; sie verhalten sich gleich mit unsern Schwachheiten, und mit unsern Vollkommenheiten. Sie sind die Stützen des Menschen in seinem Unglücke, und der Zaum seiner Begierden in den Zeiten des Glücks. Nur denn, wenn ihre heiligen Grundsätze tief ins Herz des Sterblichen übergehen, nimmt er Antheil an der Würde seiner Natur;

E   er

er vervollkommnet seine Fähigkeiten, den Muth seines Geistes, und das Gefühl seiner Seele, dann betrachtet er sich als das Kind der Ewigkeit, berufen zur Unsterblichkeit und Fortdauer, und vergebens bemüht sich die eitle Lehre der Menschenphilosophie ihn auf Abwege zu ziehen.

Es giebt keine Menschenklasse im gesellschaftlichen Leben, auf die sich nicht der heilsamste Einfluß der Offenbarung in jeder Gelegenheit des Lebens enthüllt; sie setzt den Reichen und Mächtigen Schranken, und tröstet die Armuth und das Elend wider die Ungerechtigkeiten der leidenschaftlichen Menschen, und der Unfälle des Lebens. Wenn der Unschuldige leidet, der Tugendhafte verläumdet wird, so giebt der Glaube ihm Trost in der Reinheit seiner Sitten, und er sucht Zufriedenheit in seinem Herzen vor dem Zeugen der Allgegenwart des Unendlichen.

Wenn tiefe Melancholie unser Herz zur Traurigkeit beugt, so ist es die Religion, die
Trost

Trost in unsere Seele flößt. Wenn der Mensch furchtsam, oder gebeugt vom Unglücke eine einsame Thräne weint, so trocknet sie diese Thräne aus dem Auge; wenn er einen Freund, einen Tröster, einen Unterstützer vermißt, so findet er in ihr Freundschaft, Trost und Unterstützung.

O Quelle unerschöpflicher Hofnungen! Erhabner Begriff der Gottheit und der Offenbarung! Verlaß doch du nie die Menschen! Du bist sein Muth, seine Zukunft, sein Leben. Schütze die Menschheit vor den Grundsätzen einer spröden und traurigen Philosophie, die das Herz des Menschen im Unglücke ohne Trost läßt. O ihr, die ihr euch durch neue Weisheit erleuchtet haltet, schwache Menschen! die ihr Menschenweisheit an die Stelle der göttlichen setzen wollt, ich komme nun zu euch, fodere euch auf; könnt ihr der Menschheit und dem Staate das geben, was ihnen die Religion giebt? Schmerz durchdringt meine Seele! Ein Vater, eine Mutter, die meine Stütze waren, die mich durch ihre Rathschläge führten, durch ihre Zärtlichkeit

lichkeit nährten, sind mir entrissen worden. Ein Sohn, eine Tochter, der Stolz und die Hofnung meines Lebens, sanken in die Grube in der Blüthe ihrer Jahre. Eine Freundinn, eine Gattinn, von der jedes Wort, jede Handlung, jedes Gefühl, jeder Blick mir neues Leben gab, diese sank, hingerissen vom Tode, in meine Arme. Ich bin ohne Kraft, und komme nun zu euch, ihr Philosophen! um Trost in meinem Schicksale zu holen. Zerstreue dich, werdet ihr antworten, ein unerreichbarer Abgrund ist die Scheidewand zwischen dir und deinen geliebten Gegenständen. Deine Erinnerungen, deine Thränen, deine Seufzer sind die letzten Spielwerke der materiellen Organe. — Wie, ihr habt geliebt, und ihr könnt gleichgiltig diese Worte sprechen. O nehmt euren Trost von mir, ich fürchte ihn mehr als meinen Schmerzen, und du, Tochter des Himmels! liebenswürdige und sanfte Offenbarung! was sagst du mir. Hoffe! ist deine Stimme; ein Gott, der dir alles nahm, kann dir alles wiedergeben. O wie verschieden ist diese Sprache! Wie die erste uns erniedrigt und herabsetzt! Wie

die

die zweyte uns erhebt! Jene beleidigt mit Härte unser Gefühl, die andere erhebt mit Sanftmuth unsern niedergeschlagenen Geist, und verbindet tröstende Begriffe mit unserer Schwermuth. Hier erfahre ich Ungerechtigkeit und Unterdrückung; ein räuberischer Richter raubt mir mein Gut; ein Feind meine Ehre; wo ist Trost in diesem Falle? Nicht von Empörung, nicht von Rache spricht hier die Offenbarung; von Unterwerfung, von Verzeihung, von Zuversicht auf Gott.

Wer entwirft das herrlichste Gemälde, das in allen Auftritten des Lebens der Glaube an die Offenbarung und die Religion des Christen giebt? Wer ist im Stande, bessere Menschen zu bilden, als der, der sie schuf, und das Innerste unserer Seele kannte, und wußte, was zur Menschenglückseligkeit nothwendig ist, um die Welt glücklich zu machen.

Auf Religion, als den Grundstein alles Menschenglücks, muß sich daher die wahre Aufklärung gründen, denn die Wissenschaften müssen

dahin

dahin zielen, daß sie unser Glück im gegenwärtigen und zukünftigen Leben ausmachen; und wie kann dieses seyn, wenn sie uns nicht zu unserer Bestimmung führen.

Ordnung ist das große Gesetz des Guten; und Unordnung das Gesetz des Bösen; und der Weg der Ordnung ist nur einer, der nämlich, der in gerader Linie von Gott kommt; wo ein Punkt den andern berührt; der erste auf den letzten, und der letzte auf den ersten wirkt.

Wer diese Ordnung verläßt, geht nothwendig zur Unordnung über; denn den Weg verlassen, der zur Ordnung führt, heißt auf Irrwege gerathen. Diesen Weg aber verläßt der menschliche Verstand, wenn er die Kenntnisse in sich selbst, in der Sinnlichkeit und der Welt sucht. Er hat eine Linie ohne Basis, und muß daher nothwendig in Irrthümer gerathen.

Wer hierüber aufmerksamer nachdenkt, der wird bald in Erfahrung bringen, warum Aufklärung

klärung des menschlichen Verstandes, wenn sie ihre Basis verließ, so sehr ausartete.

Der Stolz der Gelehrten, die Rechthaberei, die Demonstrirsucht, die gegenseitigen Verfolgungen sind die Kinder der Unordnung; man arbeitet nicht um bessere Menschen zu bilden, um selbst besser zu werden, sondern um seine Meinungen durchzusetzen, um eitles Lob einzuärnten, um groß in der Welt zu scheinen, und die Ueberlegenheit seines Verstandes auf Unkosten anderer zu mißbrauchen.

Die Selbstliebe wird also die Grundlinie, worauf die Gelehrten das Gebäude ihrer Wissenschaften bauen, und dieses Gebäude muß daher nothwendig eine Wohnstätte der Unordnung werden; alsdenn gleichen unsere Wissenschaften jenen Todtenlampen, die in den Gräbern der Verstorbnen brennen, ein düsteres Licht verbreiten, und in einer Flamme auflodern, die nicht erwärmt.

O ihr Alle, die ihr am Menschenglücke zu arbeiten gesinnt seyd, vergesset doch die große Wahrheit nicht, daß es kein Licht gebe, außer dem, das von Gott in die Seele der Menschen strömt. Was ist der Schein einer Lampe gegen der herrlichen Sonne am Mittage? Was ist eure Weisheit gegen der Weisheit des Ewigen? Der Tropfe, der aus der Quelle der Weisheit aller Wesen geschöpft wird, ist rein, wie der Kristall= tropfe des Morgenthaues, in dem sich die Sonne spiegelt; jeder andere gleicht dem Tropfen, der aus einer Lache entnommen ist, die Unrath und Koth trübten. Die Wissenschaften machen den Menschen nicht glücklich, wenn sie nicht wohl= thätigen Einfluß auf's Herz haben. Die Sonne wird nur wohlthätig für uns, wenn sie erwärmt und hervorbringt, nicht wenn ihre Stralen in Brenngläsern gesammelt verzehrendes Feuer werden.

Liebe mit Verstand bildet das Herz des Menschen; Verstand ohne Liebe verunstaltet es; wer sich Begriffe machen will, was die Wesen=
heit

heit eines Engels oder eines Satans sey, der stelle sich Verstand vereint mit Liebe, und Verstand ohne Liebe vor. Freilich schmeichelt es unserer Eigenliebe nicht, wenn wir denken, daß wir aus uns nichts wissen, daß das Gute nur durch Gott in uns kömmt. Die Sprache des Geisteshochmuths flistert uns ins Ohr: Versucht nur von dem Baume der Wissenschaft; ihr könnt Göttern gleich werden; aber diese Sprache ist die Sprache des Betrügers und des Geistes der Lüge.

Alles Gute und Wahre liegt nur in Gott, und das Licht der Weisheit theilt diese Schätze nur dem Herzen mit, das sich bearbeitet und rein ist. Freilich kann der Mensch nach seinen natürlichen Fähigkeiten, die ihm Gott gab, sich zu verschiedenen Kenntnissen emporschwingen; alle diese Kenntnisse aber werden in seinem Herzen ihre originelle Würde verlieren, ihre Engelsgestalt ablegen, und die Larve der Häßlichkeit annehmen; so wie die Quelle ihre Reinheit verliert, wenn sie sich vom hohen Felsen herab in stürmische

Bäche

Bäche stürzt, die Koth und Schlamm mit sich führen.

Die nützlichsten Entdeckungen werden der Welt schädlich, weil die Menschen davon Mißbrauch machen werden. Was sollten sie aber auch anders als Kenntnisse mißbrauchen, da sie die Basis verloren haben, nach welcher sich alles richten soll.

Der Mensch ohne Moralität ist einem Thiere ähnlich, denn er wird wie das Thier nur durch Sinnlichkeit regiert. Die Grausamkeit des Thiers verhält sich nach seiner Stärke; je stärker es wird, je mehr Bewußtseyn es seiner Kräfte hat, desto grausamer wird es; so ist der Mensch, der Kenntnisse ohne Sittlichkeit hat; je mehr sich sein Verstand aufklärt, je boshafter wird er; je mehr er seine Stärke und Ueberlegenheit vor andern fühlt, desto schlimmer wird er seyn. Wir haben Beweise hievon, und sehen sie täglich vor uns. Die Sinnlichkeit sieht alles im falschen Lichte. So wurden Menschenfreyheit,

Men=

Menschenrechte von einem ganz unrichtigen Gesichtspunkte betrachtet. Der Wille, der unbeugsame Wille, der sich der Ordnung und den Gesetzen widersetzte, wurde oft mit dem Namen von Menschenrecht vertheidigt, und der Name der Freyheit mit zügelloser Ausschweifung verwechselt.

So entstalten in unserm Jahrhunderte zwey Ungeheuer die Menschheit; eines ist Unglaube; das andere Aberglaube. Das erste ist durch falsche Aufklärung erzeugt; das zweite wird von grober Dummheit genährt. Beide lasten die Menschen mit fürchterlichen Ketten.

Die Sektirer des Unglaubens stecken ihre Pechfackeln auf, und verfinstern durch den Rauch, der sich emporschwingt, das helle Licht der Sonne.

Die Sektirer des Aberglaubens versperren die Menschen in die Gewölbe der Unwissenheit, lasten sie schwer mit Ketten, die sie tief zur

Erde

Erde beugen, damit sie ihren Nacken nie aufwärts richten mögen, um das Licht einer Sonne zu ahnden: und beide Arten dieser Sektirer haben nicht Menschenwohl, sondern abscheuliche Selbstliebe zum Endzweck ihrer Handlungen. Die erstern sagen: Wir müssen Unruhe unter die Völker bringen, um unsere Absichten desto eher zu erreichen; wir wollen ihnen den Namen der Freyheit von einer Seite zeigen, die ihre Leidenschaften aufwecken, und sie uns zu Anhängern machen wird; wenn wir dann Anhänger haben, wollen wir Gesetz und Ordnung bestürmen, alles zu Boden werfen, und es wird uns vielleicht gelingen, daß wir uns empor schwingen werden.

Seyd dumm! schreien die Sektirer des Aberglaubens, und lernet nie einsehen, daß unser Fuß auf euerm Haupte steht, und daß uns daran liegt, euch dumm zu erhalten. Fröhnet der Unwissenheit, und wenn ihr auch die gröbsten Laster unter euch ausübt, wenn ihr nur Lastthiere seyd, auf derer Rücken wir uns zu dem Unterhalt unserer Ueppigkeit schwingen können.

Diese

Diese beiden Arten der abscheulichsten Menschensekten sind die Satane der Unordnung. Diese sind's, die den Staaten Revolutionen drohen, und den Fürsten, die Gott über uns gesetzt hat, gefährlich werden. Sie sind die Geister der Verwirrung, die dem Gesetze der Ordnung, worinn alles Gute liegt, entgegen streben.

Wer stürzt diese Ungeheuer zu Boden? Keine Menschenmacht; denn sie ist Satansmacht, die Macht des Geistes der Unordnung. Nur das Christenthum allein ist im Stande dieses Ungeheuer in Pfuhl der Hölle, woraus es kam, wieder zurück zu werfen; denn in Christuslehre ist Weisheit und Licht, und die Irrthümer schmelzen vor seinem Anblicke, wie das Eis vor dem Anblicke der Frühlingssonne.

O ihr Menschen! höret doch die Stimme dieser Lehre; sie ist der Ruf der Weisheit, der Menschen zum Glücke führt. Betrachtet die Natur, und sehet umher, wie Alles das große Gesetz der Ordnung verkündigt. Menschenberuf ist

Glück=

Glückseligkeit hienieden und dort; aber diese Glückseligkeit findet sich nur in der Ordnung, und diese Ordnung liegt im Gesetze, und dieses Gesetz ist so leicht, so duldend, so sehr mit unsern Umständen verwebt. Erfüllt eure Pflichten untereinander als Bürger und Unterthanen, und überlaßt alles Uebrige der Vorsehung eines Vaters, der euch liebt.

Wie verschieden ist diese Sprache von der Sprache der kalten Philosophie, die das Wohl der Menschheit in eine schändliche Selbstliebe versetzt, und alles auf einen eigennützigen Egoismus konzentrirt.

O ihr Grossen der Erde! Vergebens bauet ihr eure Stärke und eure Macht auf menschliche Erfindung; die Kinder der Zeit liefern Werke, die die Zeit wieder zerstört, und die Kinder der Sterblichkeit bauen auf Gründe, die in Staub zerfallen. Die Geschichte belehrt euch hierüber.

Geizet ihr nach Eroberungen, nach Ehren, nach Dankbarkeit; ihr werdet überall Irrthümer

an=

antreffen. Es ist des Menschen Schicksal, die Widerwärtigkeiten zu erfahren, woran unsere Leidenschaften und unsere Schwäche Schuld sind.

Wenn ihr eure Schiffe im Hafen lasset, so werden euch die glücklichen Erfolge der übrigen blenden; wenn ihr ins hohe Meer schiffet, so werden Stürme und Winde euch bekämpfen. Thätigkeit und Unthätigkeit, Leidenschaft und Gleichgiltigkeit, alles hat sein Unangenehmes; kein Mensch, wenn er auch eine Krone trägt, hat sich über die Launen des Glückes hinausgesetzt; wenn aber dieses Glück auch wirklich alle unsere Wünsche erfüllt hat, wenn wir den höchsten Gipfel des Ehrgeizes erstiegen, und ganz den Becher der Wohllüste geleert haben, denn kömmt die traurige und langweilige Gewohnheit, um uns all unser Vergnügen zu rauben, da sie die Binde der Bezauberung von unsern Augen nimmt. Nichts ist hienieden vollkommen; Augenblicke scheinen nur die Sache vollkommen zu machen; nichts ist dauerhaft als Veränderung und Abwechslung, und eben dieses zeigt uns die Nothwendigkeit, daß wir uns an die Kette jener unveränderlichen Begriffe halten sollen, die nicht das Werk der Zeit und der Menschen sind

sind; an jede Kette, die ihren Werth nicht aus
einfachen Konventionen zieht, und die nicht von
veränderlichen Meinungen herstammt. Diese
giebt allein geläuterte Begriffe und Gefühle, die
in alles anpassen; — in der Stunde des Tri=
umphes, und in dem Augenblicke des unglückli=
chen Kampfes, in der Zeit des Glückes und in
der Zeit der Drangsal; diese allein sind immer
bey uns; sie richten sich nach unsern Bedürf=
nissen, sind unser Trost, unser Muth, und
unsere Richtschnur. Welche Stärke würden sie
nicht in unserm Mittel erhalten? Wie mehr
würden sie uns noch nützen und dienen können,
wenn sie allgemein als die beste Stütze der Ord=
nung und der Sittlichkeit angesehen würden?
Wenn jeder im Staate nach seinen Kräften bey=
tragen würde, sie geltend zu machen, und sie
zu befestigen?

Alsdenn würde sich unsern Augen eine neue
Szene öfnen; alsdenn würde das Studium und
die Wissenschaft der Menschheit nützlich werden,
und die Stütze der Ordnung des Ganzen seyn.
Die Gelehrten würden sich nicht mehr beschäfti=
gen, ihrem Eigendünkel Altäre zu setzen; keiner
würde es wagen den Glauben, das so nothwen=

bige

bige Mittel zur Menschenglückseligkeit zu untergraben, und alle würden vielmehr arbeiten, um zur Erhöhung der Wahrheiten der Religion beyzutragen; allgemein würde die Sprache: es ist ein Gott, der uns nothwendig ist; ein Gott, so wie ihn die Religion schildert; ein mächtiger, guter Gott, der der Urheber unsers Glücks, und der Bürge unserer Seligkeit ist. O laßt uns unsere Herzen diesem heiligen Lichte aufschließen, auf daß uns die Flamme seiner Reinheit bis in das Innerste durchdringe! Laßt uns arbeiten, ihr, denen Gott und der Staat die Volksbildung übertragen, Priester, Schriftsteller und Gelehrte! daß die Jugend in ihren ersten Jahren ganz von dem hohen Begriffe der Gottheit und seiner Allliebe durchdrungen werde. Laßt uns das Alter durch weise Ueberlegungen stärken, damit es Kraft erhalte, die sich bis ans Ende seines Lebens erstrecke. Die allgemeine Sprache sey Liebe; das allgemeine Sistem, daß es nur ein einziges unveränderliches Gesetz gebe, nur eine einzige vollkommene Güte; nur einen einzigen Begriff, der im Stande ist, uns in jedem Augenblicke des Lebens zu trösten; nur eine einzige Grundsäule, die der Zeit trotzet, und ewig unerschütterlich ist; mit einem Worte: nur eine Wahrheit, nur eine Weisheit, woraus alles entsprießen muß, wenn es ewig und unveränderlich seyn soll.

Laßt uns dem Menschen begreiflich machen, daß er vergebens in andern Gegenden das Glück suche, daß es nur in der Erkenntniß eines Gottes, und in der Befolgung seiner Lehren beruht; daß alles Uebrige nur verführerische Phantomen sind, die gewohnt sind, Menschen zu betrügen, die uns mit verführerischer Stimme zurufen, um uns in Irrthum zu leiten. Wir hören ihre Stimme, und laufen nach ihnen, und lassen alle religiösen und fühlbaren Begriffe weit hinter uns, die doch die Einzigen sind, die uns auf den Weg der Ordnung zurückführen, und uns der Gottheit nähern.

Höret die schmeichelnde Stimme der Verführung nicht, die euch empört; die euch eine Welt von Glückseligkeit, von Freyheit und Gleichheit schildert, die hienieden nicht möglich ist; sie ist die Stimme der Verführung, die euch das sanfte Band abnehmen will, woran euch der Staat und die Religion nach den Absichten der Gottheit leiten, um euch mit einer Kette zu lasten, die euch tief ins Verderben drücken wird.

Chri=

Christuslehre allein ist das große Gesetz der Ordnung; alle Menschenbildung muß sich auf seine Einfalt, auf seine Herrlichkeit gründen. Sie lehrt aber Unterwürfigkeit und Gehorsam. Sie giebt das Glück, die Seelenruhe, leitet unsern Verstand nach den Regeln der Vernunft, bezähmt unsere Begierden, und befördert unsere Glückseligkeit.

Ihr Bild ist das Bild einer zärtlichen Mutter; sie sieht mit Vergnügen, wie wir verschiedene Güter des Lebens genießen; aber sie ruft uns immer zurück auf Dankbarkeit und Erkenntniß; sie beschränkt uusere Talente und Fähigkeiten nicht; aber sie richtet sie nach Sittlichkeit und Tugend, damit sie unsere Schritte sicher leitet, und uns vor Reue und Bösem schützet. Sie läßt uns nach Ehre laufen; aber sie zeigt uns zugleich den Wankelmuth und die Unbeständigkeit menschlicher Güter; sie warnt uns vor ihrer Verführung, damit nicht der Taumel der Leidenschaften sich unserer Seele bemächtige. Immer ist sie bey uns; nicht um unsere Glückseligkeit zu stören, sondern um unsere Gedanken zu erheben, als eine treue Begleiterinn der Weisheit und der Mäßigung.

O daß es mir vergönnt wäre, ihren seligsten Einfluß auf's Menschenglück in seiner ganzen Vollkommenheit zu zeigen! O daß meine Sprache alle Fürsten bewegen könnte, die Glückseligkeit ihrer Staaten auf die Bildung des Herzens ihrer Völker zu gründen! Im Herzen des Menschen liegen die geistigen Kräfte; diese Kräfte sind die Stützen der Thronen, und die Grundsäulen der Reiche. Alles, was ein Werk des Menschen ist, ist der Veränderung unterworfen, nur das, was sich auf ewige Gesetze gründet, ist unveränderlich und ewig; diese ewigen Gesetze der Menschenbildung liegen im Schooße des Christenthums; da blühten die schönsten Tugenden, die je die Erde bewundert hat.

Ewige Weisheit! Verbreite du Licht und Wahrheit über die Menschen, und du, der du Zeuge des Eifers bist, der mich für das wahre Glück der Menschen, meiner Brüder, beseelet! Gieb Nachdruck meinen Worten, und öfne die Augen derjenigen, die außer dir ein Phantom der Glückseligkeit suchen! Laß sie einsehen, daß die Quellen der Glückseligkeit nur in deiner Lehre liegen; daß du Ordnung, Weisheit und Glück bist; daß der Mensch nicht irren kann, wenn er

bir

dir folgt, und daß alle Aufklärung und Wissenschaft nothwendig ins Böse ausarten muß, wenn Religion und Glaube sinken.

Das beste Mittel gegen alle Unordnung ist die Rückkehr zur Ordnung, und Ordnung ist nur dort, wo Harmonie ist, und diese ist nur in Gott, der uns die Wege zu ihm durch die Offenbarung zeigt.

Es ist auffallend und lächerlich, wenn manche Philosophen unumschränkte Freyheit und Gleichheit unter den Menschen predigen. Es giebt keine unumschränkte Freyheit, keine einförmige Gleichheit in der Harmonie der Dinge. Die erste würde zur Dissonanz, und die zweite zur Monotonie führen. Die sittlichen Handlungen der Menschen müssen sich nach der Vorschrift der ewigen Harmonie verhalten. Wie jeder Musikus sein Instrument nach den Noten spielen muß, die ihm der Konzertmeister auflegt, so soll jeder Mensch die Pflichten seines Standes erfüllen, die ihm der Ewige anwies. Wenn eine Pause in dem Stücke ist, so wird es ihm zur Pflicht zu pausiren; bald fodert die Harmonie einen erhöhten, bald einen tiefern Ton; so verhält es sich

sich ebenfalls mit der Harmonie sittlicher Han[d]lungen.

Der Fürsten Pflicht ist es, die Direkteu[rs] der sittlichen Harmonie vorzustellen, damit all[es] nach einem Tempo, alles zu einem gemeinscha[ft]lichen Endzwecke arbeitet. Der Bürger Pfli[cht] ist es, daß jeder seine ihm vorgelegte Part[ie] nach ihrem Innhalte spiele. Wie verhunzt w[ür]de das Konzert seyn, wenn jeder spielen wollt[e] wie es ihm gut däucht, ohne sich an d[en] Takt und das Tempo zu halten. Nur da[nn] wenn alles sein Gesetz, sein Verhältniß erf[üllt] herrscht Schönheit und Harmonie. Wenn F[ür]sten und Völker sich nach den Gesetzen ric[hten] die die Offenbarung uns giebt, so werden s[ie] bald ihren wohlthätigen Einfluß fühlen; d[er] Fürst wird ruhig auf dem Throne, und d[er] Bürger zufrieden in seiner Hütte seyn. D[ie] Vorurtheile werden sinken, und die königlich[e] Würde der Potentaten wird den höchsten Gr[ad] ihrer Hoheit und Stärke erreichen, und ihr R[eich] wird ewig, wie die Wahrheit, seyn!